ABNEHMEN MIT LOW CARB – VEGETARISCH

DIE DIÄT (FAST) OHNE KOHLENHYDRATE – FÜR EINE BESSERE GESUNDHEIT UND EINE SCHÖNE, SCHLANKE FIGUR

Marco Mania

1.Auflage 2015

ISBN: 1518674739
ISBN-13: 978-1518674730

INHALTSVERZEICHNIS

KAPITEL 1

DER WEG ZUM WOHLFÜHLEN

Hallo, mein Name ist Marco Mania und als allererstes möchte ich mich bei Ihnen dafür bedanken, dass Sie „Abnehmen mit Low Carb - Vegetarisch" gekauft haben.

Dieses Buch enthält leckere und kreative Rezepte, mit denen Sie mit vegetarischen Gerichten der Low Carb Ernährung dauerhaft schlank und gesund werden können.

Haben Sie auch schon unzählige dieser dubiosen Kuren ausprobiert und sie entweder abgebrochen oder sind danach in den berühmten, verhassten Jojo-Effekt gefallen? Der Frust wird mit jeder Diät größer und die Angst vor Lebensmitteln steigt, da man gar nicht mehr wissen kann, was einem jetzt gut tut oder nicht. Die Lösung wird hier wahrscheinlich eine dauerhafte und konsequente Ernährungsumstellung sein. Dafür bietet sich das Low Carb Programm besonders an, weil es durch den Verzicht auf Kohlenhydrate schnelle Erfolge erzielt und ebenfalls alltagstauglich ist. Dafür kann man sich verschieden spezialisieren und dieses Buch wird sich auf die italienische Variante des Low Carb Konzepts fokussieren.

Dieses Buch bietet Ihnen alle Hilfsmittel, Rezepte und Tipps, um mit Low Carb endlich den lang ersehnten Traumkörper zu bekommen und ihn auch zu behalten! In den folgenden Kapiteln werden Sie beliebte Rezepte kennenlernen und Sie erfahren, mit welchen Regeln Sie selbst im Low Carb kreativ werden können. Lassen Sie uns am besten gleich beginnen. Das nächste Kapitel wird Ihnen einführend eine Übersicht der wichtigsten Ideen und Regeln der vegetarischen Low Carb Ernährung erklären.

KAPITEL 2

VEGETARISCHES LOW CARB – EINE KURZE ERLÄUTERUNG

Die Bezeichnung „Low Carb" steht als Abkürzung für „Low Carbohydrates", was auf Deutsch so viel wie „Wenige Kohlenhydrate" bedeutet. Damit ist eine Form der Ernährung gemeint, die auf besonders kohlenhydratreiche Kost verzichtet und typische Zucker- und Stärkefallen komplett vom Essensplan streicht.

Als Erfinder des Low Carb gilt der englische Bestattungsunternehmer William Banting, der zwischen 1797 und 1878 lebte. Weil Banting sehr übergewichtig war und über 90kg auf die Waage brachte, verordnete ihm sein Hausarzt eine radikale Umstellung der Ernährung. Banting durfte noch Fleisch, Fisch, Geflügel, Gemüse und ein paar Beeren essen, musste aber auf gezuckerte Speisen, Produkte aus Getreide (außer gelegentlich etwas trockenem Zwieback), sowie Kartoffeln verzichten. Er durfte nur noch ungesüßten Tee und abends einen Sherry, einen leichten Wein oder Grog ohne Zucker trinken. Andere alkoholische Getränke wie Portwein, Bier oder normaler Whiskey waren dagegen Tabu. Durch diese drastische Ernährungsumstellung soll William Banting innerhalb von nur einem Jahr satte 23kg verloren haben und war derart begeistert, dass er seinen Kampf gegen das Übergewicht mitsamt seines neuen Speiseplans in einem Buch niederschrieb, welches er "Open

Letter on Corpulence“ nannte (in Deutschland unter dem Titel „Offener Brief über Korpulenz, an das Gesamte Publikum gerichtet“). Sein Buch wurde ein Verkaufsschlager und Bantings Abnehmmethode wurde derart populär, dass sogar die Worte „Bantingism“ und „to bant“ geschaffen wurden, die so viel wie „Diät“ oder „eine Diät halten“ bedeuteten. Auch andere Menschen, wie der deutsche Arzt Wilhelm Ebstein, beschäftigten sich mit einer kohlenhydratarmen Ernährung, allerdings fanden ihre Thesen und Veröffentlichungen nur wenig öffentliche Beachtung, da im Laufe der Jahre das Interesse an der Banting-Methode schlicht abgenommen hatte. Erst, als der amerikanische Arzt Robert Atkins in der Mitte der 1970er Jahre bei der Erfindung seiner „Atkins-Diät“ alternative Ernährungsformen miteinander verglich und dabei auch auf die Schriften von Ebstein und Banting stieß, wurde Low Carb wieder populär und das ist es bis heute geblieben.

Bleibt die Frage, wie Low Carb wie Banting es beschrieb, mit viel Fleisch auf dem Teller, vereinbar ist mit Vegetarismus. Um da die richtige Antwort zu finden, muss man sich zunächst einmal anschauen, wie die Menschen zu einer Zeit lebten, als Übergewicht noch nicht als Volkskrankheit existierte. Bereits vor 10.000 Jahren mussten die Menschen sich mit dem Thema „Nahrung“ oder besser „Nahrungsbeschaffung“ auseinander setzen. Die Menschen der Steinzeit hatten allerdings keine vollen Supermarkt-Regale, aus denen sie sich bedienen konnten, sondern mussten ihr Essen durch das Jagen von Tieren gewährleisten. Das Fleisch der erlegten Tiere versorgte die Menschen damals mit Fett, Proteinen, Vitamine und Mineralstoffe. Dabei konnte es auch vorkommen, dass die Jäger über mehrere Wochen hinweg keine Beute machten und mit leeren Händen von der Jagd nach Hause kamen. Um nicht zu verhungern, sammelten sie dann Früchte wie Beeren, Nüsse und Pilze. Die Vitamine und Fette, welche sie durch diese vegetarische Kost zu sich nahmen, versorgte die Steinzeitmenschen mit ausreichend Energie, damit sie überleben konnten und wurde schnell eine feste Alternative in Zeiten, in denen kein Fleisch erjagt werden konnte.

Was in der Urzeit schon dabei half, das Überleben der damaligen Menschen zu sichern, funktioniert heutzutage umso besser, da man sich die einzelnen Nahrungsmittel nicht mehr mühsam zusammensammeln oder für sie auf die Jagd gehen muss. Stattdessen geht man in den nächsten Supermarkt und hat dort eine breite Auswahl an Lebensmitteln, welche zum einen gesund sind, und zum anderen alles liefern können, was man ansonsten durch eine Ernährung zu sich nehmen würde, in der Fleisch enthalten ist. Somit gibt es keinen Grund, zwingend Fleisch zu essen, wenn man alle benötigten Inhaltsstoffe auch von anderen Lebensmitteln beziehen und das Fleisch somit komplett ersetzen kann.

Beim Low Carb geht es darum, seinen Gesundheitszustand insgesamt zu verbessern. Das bedeutet, dass Gewicht auf ein gesundes Maß reduziert werden soll, ohne dass man, wie bei einer klassischen Diät, hungert und jede Kalorie drei Mal zählt. Ziel soll es sein, eine gewohnte Ernährung dauerhaft auf Low Carb umzustellen und sich so ausgewogen zu ernähren, dass man nicht ständig eine Art Verzicht spüren muss, weil die Portionen auf dem Teller zu klein sind. Wird man vom Essen nach Low Carb auch satt, kann man sich besser an diese Ernährungsumstellung gewöhnen und verspürt keinen, oder nur einen sehr geringen Drang, wieder zur alten Ernährung zurück zu kehren. Aber nicht nur das Schrumpfen des eigenen Körpergewichts, sondern auch die Stärkung des Stoffwechsels ist ein Ziel beim Low Carb. Dafür zuständig sind, unter anderem, pflanzliche Ballaststoffe, welche den Magen regelrecht aufräumen und die Verdauung fördern. Die Vitamine und Spurenelemente der Mahlzeiten dienen außerdem dazu, den eigenen Blutzuckerhaushalt auf ein gesundes Maß zu reduzieren und so einer Erkrankung an Diabetes vorzubeugen. Zusätzlich wird noch eine andere Volkskrankheit beim vegetarischen Low Carb gleich mit bekämpft: Hoher Blutdruck. Bluthochdruck zählt zu einer der verbreitetsten Leiden aller Industrienationen und kann Krankheiten wie eine Arterienverkalkung, einen Schlaganfall oder einen Herzinfarkt begünstigen. Um dem entgegen zu wirken, wird durch die Umstellung auf Low Carb auch der Blutdruck auf ein gesundes Maß abgesenkt.

KAPITEL 3

DIE ERLAUBTEN LEBENSMITTEL

Im Folgenden werden die für das vegetarische Low Carb zulässigen Lebensmittelgruppen kurz vorgestellt und ihre Rolle bei der Ernährung geklärt:

GEMÜSE

Vegetarisches Low Carb setzt auf seine sehr natürliche und ausgewogene Ernährung. Zu den wichtigsten Nahrungsmitteln gehört Gemüse in Hülle und Fülle. Das Gemüse liefert dem Körper wichtige Nährstoffe wie Vitamine und Ballaststoffe und besitzt darüber hinaus auch noch sogenannte pflanzliche Sekundärstoffe. Dabei handelt es sich um chemische Verbindungen, welche unter anderem den menschlichen Stoffwechsel unterstützen können. Eine Variante solcher pflanzlichen Sekundärstoffe sind beispielsweise Sulfide, die unter anderem im Knoblauch vorkommen und das Risiko von Thrombosen im Körper verringern können. Andere Stoffe wie Phytosterine können dagegen den Cholesterin-Spiegel senken und wieder andere haben antioxidative Wirkungen. Deshalb ist Gemüse fast ohne Einschränkungen (dazu später mehr) beim Low Carb genießbar.

EIER

Eier sind die einzigen tierischen Produkte, welche auch beim vegetarischen Low Carb auf den Tisch kommen können. Denn Eier liefern unter anderem Proteine, die mitunter zur Versorgung und zum Aufbau der Muskeln benötigt werden. Da Fleisch als Protein-Lieferant beim vegetarischen Low Carb ausscheidet, sind Eier die zweitbeste Wahl, um sich mit dem notwendigen Eiweiß zu versorgen. Der Vorteil der Eier liegt darin, dass sie zum einen schier verzehrt werden können – gekocht, als Rühr- oder Spiegelei – aber auch Bestandteil von Backwaren oder Aufläufen sein können. Außerdem zählen Eier zu der Gruppe der Nahrungsmittel, bei denen es nahezu egal ist, wo man sie kauft. Das hängt aber eher damit zusammen, dass es für den Verbraucher oft schwierig ist, die Herkunft der Eier anhand der Verpackung oder ihrer Prägung nachzuvollziehen.

OBST, NÜSSE UND SAMEN

Obst, Nüsse und Samen zählen beim Low Carb oft zu den Lebensmitteln, die man eher vernachlässigt. Doch auch diese Nahrungsgruppen sind wichtig und dürfen im gesunden Leben nicht fehlen. Das Obst liefert reichlich Ballaststoffe für die Verdauung und Vitamine zur Stärkung des Immunsystems, die Nüsse enthalten dagegen verschiedene Öle und Fettsäuren und liefern Energie für die Konzentrationsfähigkeit. Aber sowohl Obst, als auch Nüsse und Samen, sind in Maßen zu essen, da sie auch Bestandteile enthalten, welche man beim Low Carb eigentlich vermeiden möchte. Beim Obst ist das natürlich der Fruchtzucker, der besonders gehäuft in Bananen und

Mangos vorkommt und vom Körper gerne als Energiespeicher eingelagert wird. Bei den Nüssen besteht das Problem darin, dass sie aufgrund ihres hohen Fett- und Ölgehalts auch sehr viele Kalorien beinhalten, welche erst mal verbrannt werden wollen. Darüber hinaus wird gerade Nüssen nachgesagt, sie würden „Antinährstoffe" besitzen, also Nährstoffe, welche die Aufnahme anderer, gesunder Nährstoffe verhindern würden. Tatsächlich beinhalten einige Nüsse, wie die Walnuss, hohe Werte an Phytinsäure. Diese Säure soll dafür verantwortlich sein, dass weniger Mineralien vom Körper aufgenommen werden. Allerdings gibt es bereits genug Studien, die belegen, dass die Phytinsäure auch antioxidativ und den Blutzucker regulieren. Außerdem behalten die Nüsse, trotz solcher „Antinährstoffe", ihre gesunde Wirkung auf den Körper, senken das Diabetes-Risiko und verringern die Gefahr von Pankreas-Krebs. Um die sichere Balance zwischen „gesund" und „ungesund" zu finden, kann man sich darauf einigen, nicht mehr als eine Handvoll Nüsse und Samen pro Tag zu verputzen. Hat man dagegen beim Obst bedenken, ob vielleicht zu viel Fruchtzucker drin ist, dann kann man statt einer ganzen Frucht auch nur die Hälfte verwenden, wenn man beispielsweise nicht auf eine Banane verzichten will.

FETTE UND ÖLE

Auch bei der Low-Carb-Ernährung darf gebraten, gekocht und verfeinert werden. Fette und Öle spielen dabei eine besonders wichtige Rolle, da sie die Hauptenergielieferanten darstellen. Oft liest man von „gesunden" Ölen oder „guten" Fetten, ohne genau zu wissen, was dahinter stecken soll. Gerade bei Fett sind Einteilungen in „gut" oder

„schlecht" irreführend, da es so etwas wie „schlechtes" Fett nicht gibt. Der Körper benötigt sowohl die ungesättigten Fettsäuren, als auch die gesättigten Fettsäuren, um das Gehirn und die Muskeln und Knochen in Schuss zu halten. Der Unterschied zwischen „gut" und „schlecht" bezieht sich bei Fetten deshalb weniger auf die Fette selbst, als auf ihre Herstellung und das Mischverhältnis von gesättigten, einfach-ungesättigten und mehrfach-ungesättigten Fettsäuren. Um die Sache hier nicht zu verkomplizieren, kann man aber festhalten, dass zum Kochen, Braten und Backen Butter oder Ghee (für Menschen mit Laktoseintoleranz) erlaubt sind.

Bei den Ölen ist die Sache schon etwas schwieriger, da es hier tatsächlich solche Öle gibt, die in Maßen gut für den Körper sind und solche, die dem Körper eher schaden können. So fanden Forscher beispielsweise heraus, dass Öle, welche hohe Mengen an Omega-6-Fettsäuren enthalten, eine entzündungsfördernde Wirkung haben können. Diese Fettsäuren kommen besonders häufig in raffinierten Ölen, wie Rapsöl oder Sonnenblumenöl vor, weshalb solche Ölsorten auch nichts in einer Low-Carb-Küche zu suchen haben. Stattdessen sollte man lieber die sogenannten nativen oder kaltgepressten Öle wie Kokosöl oder Olivenöl kaufen. Auch diese Sorten enthalten zwar Omega-6-Fettsäuren, allerdings in einer geringeren Konzentration. Darüber hinaus gelten kaltgepresste Öle als gesünder, da sie mehr Nährstoffe als ihre raffinierten Gegenstücke enthalten. Allerdings darf man kaltgepresste Öle nicht zu stark beim Kochen oder Braten erhitzen, da einige der Nährstoffe hitzeempfindlich sind und bei zu hohen Temperaturen zersetzt werden.

GETRÄNKE

Beim Trinken ist vielleicht eine der größten Einschränkungen im Low Carb zu finden, denn es sind nur solche Getränke erlaubt, die weder Zucker noch andere Zusatzstoffe enthalten. Das bedeutet, dass eigentlich nur ungesüßter Tee, Kokoswasser und normales Wasser ohne Zusätze erlaubt ist. Wer stilles Wasser oder reines Leitungswasser aber nicht mag, der kann natürlich auch Wasser mit Kohlensäure trinken, ohne ein schlechtes Gewissen zu haben. Und eine gute Nachricht für Koffein-Süchtige: Kaffee zählt bei der Low-Carb-Ernährung zu den erlaubten Lebensmitteln, sollte dann aber nur in Maßen (also ungefähr eine Tasse am Tag) und ohne Zusätze von Milch oder Zucker genossen werden.

Eine „Geheimwaffe" der Low-Carb-Getränke sind übrigens selbst gemachte Smoothies ohne Zucker. Diese sind zum einen leicht herzustellen, können gut variiert werden und liefern – je nach Bestandteilen – reichlich Vitamine und Nährstoffe.

SONSTIGES

Würzmittel, wie frische Kräuter oder Gewürze, dürfen auch beim Low Carb nicht fehlen, um eine Mahlzeit geschmacklich abzurunden. Man sollte nur darauf achten, keine haltbar gemachten, also mit Zucker und Konservierungsmittel behandelten Produkte zu verwenden.

Wer mal einen regelrechten Heißhunger auf Süßes hat, der

darf dann zu einer natürlichen Zuckerquelle greifen, welche vom Low Carb akzeptiert wird: Honig. In kleinen Mengen und nicht in jedem Getränk oder bei jeder Scheibe Brot ist Honig ideal, um kleine Zucker-Attacken abzuwehren, ohne dass man seinen Blutzucker allzu sehr in die Höhe treibt.

KAPITEL 4

DIE UNERLAUBTEN LEBENSMITTEL

Nach der Auflistung der erlaubten Lebensmittel für die Low-Carb-Ernährung, folgt nun das für viele Leute etwas leidige, aber dennoch notwendige Thema: Worauf man verzichten muss.

GETREIDEPRODUKTE

Sicherlich das größte Problem für viele Umsteiger: sie müssen auf alle Dinge verzichten, in denen Getreide steckt. Das bedeutet, dass es morgens weder Brot noch Müsli gibt, und mittags (oder abends) weder Nudeln, noch Pizza den Weg auf den Teller finden. In jeder Form von Getreide sind Pflanzenstoffe wie Gluten und Phytate enthalten, welche sich negativ auf die Verdauung und die Aufnahme von Nährstoffen auswirken. Darüber hinaus leiden einige Menschen unter einer Glutenunverträglichkeit, sodass sie beim Verzehr von Gluten allergieähnliche Symptome entwickeln können. Der Hauptgrund, warum beim Low Carb auf Getreide verzichtet wird, ist aber ein anderer: Kohlenhydrate! In Hafer, Roggen und Co. steckt jede Menge Stärke und Zucker, die vom menschlichen Körper bevorzugt als Energielieferant genommen werden. Das hängt damit zusammen, dass Kohlenhydrate leicht verstoffwechselt werden, also zu nutzbarer Energie umgewandelt werden können. Allerdings hält der Energie-Schub von Kohlenhydraten nur sehr kurz an, lässt den Blutzuckerspiegel ansteigen und hat eine Energiebilanz von fast 0. Beim Low Carb sollen aber hauptsächlich Fette und Öle als Energielieferanten verwendet werden. Diese kann der Körper zwar auch verbrennen, das tut er allerdings relativ ungern und nur, wenn er keine anderen Möglichkeiten hat. Denn für die Verbrennung von Fett muss mehr Energie aufgebracht werden als für Kohlenhydrate. Damit der Körper also anfängt, effektiv Fette zu verbrennen, muss man ihm seine bevorzugten Energiequellen erst mal wegnehmen – darum keine Kohlenhydrate und deshalb auch kein Getreide!

FLEISCH UND FISCH

Streng genommen gehören Fleisch und Fisch zu den Lebensmitteln, die im normalen Low Carb erlaubt sind, weil sie wichtige Lieferanten von Proteinen, verschiedenen Fetten und Mineralien darstellen. Beim vegetarischen Low Carb soll allerdings auf jegliche Form von Fleisch verzichtet werden. Die für den Körper notwendigen Nährstoffe des Fleisches werden bei der Ernährung über andere Produkte bezogen, ohne dass man künstlich nachhelfen müsste. Auf diese Weise kommt es dann auch nicht zu Mangelerscheinungen, wenn man auf Fleisch, Fisch und Geflügel in seiner Ernährung verzichtet.

HÜLSENFRÜCHTE

Auch Hülsenfrüchten wird ein hoher Gehalt an Phytaten

und Lektinen. Letztere gehören ebenfalls zu den „Antinährstoffen" und behindern daher die Aufnahme von Nährstoffen. Außerdem gibt es Viren und Bakterien, die Lektine gerne benutzen, um sich an Körperzellen zu heften, was aber von einem gesunden Immunsystem in der Regel verhindert werden kann. Wie aber auch bei dem Getreide ist der Hauptgrund für den Verzicht von Hülsenfrüchten der hohe Gehalt von Kohlenhydraten. Einige Hülsenfrüchte wie Erbsen und Mais haben bereits von Haus aus sehr viel natürlichen Zucker in sich. Andere werden dagegen in gezuckerter Flüssigkeit konserviert, was auch nicht gesünder ist. Darum werden auch Hülsenfrüchte zugunsten von Low Carb verbannt.

MILCHPRODUKTE

Milch, Käse, Jogurt und Co. stehen ebenfalls auf der schwarzen Liste beim Low Carb. Das liegt unter anderem daran, dass diese Produkte den Milchzucker Lactose beinhalten, auf den immer mehr Menschen mit Übelkeit und Unwohlsein reagieren. Ein anderer Grund für das Milchverbot sind die Produktionsschritte zur Haltbarmachung. Durch Homogenisierung und Pasteurisierung wird die Milch verändert, was ebenfalls zu Unverträglichkeiten führen kann. Wer gar nicht auf Milch verzichten möchte, kann auf Rohmilchprodukte oder auf fermentierte Milchprodukte wie zum Beispiel Kefir umsteigen.

SÜßIGKEITEN

Ja, auch Süßigkeiten stehen leider nicht auf dem Low-Carb-

Speiseplan. Zum einen liegt das schlicht daran, dass die Steinzeitmenschen weder Chips noch Schokoriegel kannten. Zum anderen liegt es aber daran, dass Süßigkeiten – wie der Name es schon sagt – voll mit Zucker und auch voll mit Konservierungsmitteln sind. Das ist von der Industrie auch durchaus gewollt, da Zucker in Nahrungsmitteln den Appetit anregt und zum Mehr-Essen verleitet. Man greift also unbewusst häufiger in die Chipstüte oder zur Schokoladentafel, als man es eigentlich möchte – nicht, weil man Hunger hat, sondern nur, weil der Appetit da ist. Um diesen ungewollten Essenskreislauf nicht auf den Leim zu gehen, wird Zucker einfach gestrichen.

KURZ ZUM ALKOHOL

Alkohol ist ein Thema, an dem sich die Low-Carb-Fachleute gerne scheiden. Viele sind der Ansicht, dass jegliche Form von Alkohol nichts bei einer Ernährung nach Banting und Co. zu suchen hat. Allerdings gab es selbst in der Steinzeit schon alkoholische Genüsse, da auch damals schon die Wirkung fermentierter Beeren bekannt war. Das Problem beim heutigen Alkohol liegt allerdings darin, dass viele alkoholische Getränke auf Basis von Kohlenhydraten hergestellt werden. Wodka zum Beispiel wird aus Getreide und Kartoffeln gemacht, Whiskey unter anderem aus Weizen und Mais. Dazu enthalten viele Alkoholsorten große Mengen an Zucker, der als Nebenprodukt durch die alkoholische Gärung entsteht.

Es gibt aber auch einige alkoholische Getränke, die den allgemeinen schlechten Ruf nicht verdienen – allen voran Wein und besonders Rotwein. Rotwein enthält von allen

Alkoholsorten den geringsten Zuckeranteil. Darüber hinaus sind im Rotwein viele antioxidative Stoffe gelöst, welche unter anderem das Herz stärken. Wer allerdings keine Lust auf Rotwein hat oder lieber stärkeren Alkohol bevorzugt, für den gibt es auch noch ein kleines Alkohol-Schlupfloch: Tequila. Der aus Mexiko stammende Schnaps wird aus Agaven hergestellt und enthält deshalb keine Stärke. Zwar ist auch im Tequila Zucker enthalten, aber weniger als in einem Whiskey. Wenn es also gar nicht ohne Alkohol gehen kann, dann hat man zwei Alternativen, die - im gesunden Maße - auch mit Low Carb vereinbar sind.

KAPITEL 5

AUF LOW CARB UMSTEIGEN

Der erste Schritt auf dem Weg zu einer Ernährung nach Low Carb ist relativ einfach: alle nicht-Low-Carb-geeigneten Lebensmittel müssen aus den eigenen vier Wänden verschwinden. Das soll jetzt nicht heißen, dass man alle Süßigkeiten oder dergleichen einfach wegschmeißt – immerhin hat man ja irgendwann mal gutes Geld dafür ausgegeben. Stattdessen „trennt" man sich, indem man einfach die angebrochenen Verlockungen aufisst, ohne sich sofort neue zu kaufen. Bei Tiefkühlware braucht es so einen Schritt aber nicht. Pizzen und Co. haben dank der Minus-Grade eine verlängerte Lebensdauer und sind ohnehin nicht so präsent, wie zum Beispiel eine Packung Käse, die einem bereits ins Auge fällt, wenn man nur den Kühlschrank aufmacht. Darum gilt die Säuberungsaktion vor dem Low Carb hauptsächlich dem Kühlschrank und den heimischen Naschvorräten. Besonders Willensstarke können auch eine Schrittweise Umstellung der Ernährung zum vegetarischen Low Carb probieren, allerdings zögert so eine Vorgehensweise nur das Unvermeidliche heraus. Es ist wie beim Abreißen eines Pflasters: macht man es langsam, tut es vielleicht weniger weh, dauert aber ewig lange. Dann lieber einmal kurz und heftig, um es hinter sich zu haben!

Sind alle „ungesunden" Lebensmittel aus dem Weg, geht es zum nächsten Schritt. Dazu nimmt man sich einen Stift und einen Zettel und überlegt einmal, welche der erlaubten

Low-Carb-Lebensmittel man sich für welche Tageszeit vorstellen kann, also beispielsweise morgens Äpfel, Nüsse und andere Obstsorten, mittags dann Fleisch oder Fisch und zum Abendbrot Gemüse. Es muss keine klare Abgrenzung nach Lebensmittelgruppen aufgestellt werden, sondern lediglich eine grobe Richtlinie, was man zu welcher Tageszeit am ehesten vertragen könnte. Natürlich kann man auch einfach nach den Rezepten im nächsten Kapitel vorgehen und sich daran orientieren. Wichtig ist lediglich, dass man sich genau aufschreibt, was man für Lebensmittel braucht bzw. haben möchte. Der Zettel soll als Einkaufsliste dienen, mit der man als nächstes in den Supermarkt oder auf einen Wochenmarkt geht, um das erste Mal bewusst für die Umstellung auf Low Carb einzukaufen. Das Schreiben einer solchen Einkaufsliste hat zwei entscheidende Vorteile: zum einen kann man immer nachschauen, ob man schon alles hat oder ob noch irgendwas im Einkaufswagen fehlt. Denn im Durchschnitt wird pro Einkauf mindestens eine Sache vergessen, wenn man nur im Kopf hat, was man einkaufen will und sich dann durch die verschiedenen Gänge und die diversen Einkaufsfallen schlängeln muss. Ein Einkaufszettel hilft dagegen, und um ganz sicher zu gehen, kann man zum Einkaufen auch einen Stift mitnehmen und gekaufte Dinge direkt von der Liste streichen oder so markieren, dass ersichtlich wird, was schon alles im Wagen liegt und was noch fehlt. Der zweite Vorteil einer Einkaufsliste liegt darin, dass sie als eine Art roter Faden dienen soll, dem man durch einen Supermarkt folgt. Bei einem Einkaufsbummel warten immer diverse Verlockungen, die man eigentlich gar nicht einkaufen wollte, die man am Ende dann aber doch greift. Das geht schon damit los, dass man sich häufig durch zig Gänge und Regale zwängen muss, die vollgestopft mit Süßigkeiten oder

Fertigprodukten sind. Auf dem Weg sind dann Stände mit Kostproben aufgebaut oder bestimmte Artikel sind so zentral platziert, dass man kaum um sie herum gehen kann. Natürlich ist diese Anordnung im Supermarkt nicht zufällig, sondern folgt bestimmten Mustern und hat nur einen Zweck: der Kunde soll abgelenkt und zum Mehr-Kaufen angeregt werden. Und das gelingt auch, wenn die Kunden ohne konkrete Ziele einkaufen gehen. Wenn man „nur mal schnell" was besorgen möchte, dann aber doch das ein oder andere Angebot erblickt oder sich zu einer Kostprobe verleiten lässt, landet am Ende wieder mehr im Einkaufswagen, als man eigentlich vorgesehen hatte. Der Einkaufszettel ist dagegen ein klarer Weg mit mehreren Etappen, an denen man sich entlang arbeiten kann: vom Gemüse zum Obst, vom Obst zu den Nüssen, von den Nüssen zur Kasse und raus! Nichts Unnötiges wird gekauft und allen Verlockungen kann man wieder stehen – vorausgesetzt, dass man sich auch wirklich strikt an den Einkaufszettel hält.

Sind alle Lebensmittel eingekauft, kann es nun ans Eingemachte gehen: ans Kochen nach Steinzeit-Art!

KAPITEL 6

VEGETARISCHES LOW CARB FRÜHSTÜCK

Das Essen am Morgen soll Energie liefern und wach machen. Folgende Rezepte sind dafür ideal:

<u>OBSTSALAT</u>

BENÖTIGT WERDEN (FÜR 2 PORTIONEN)

1 Fenchel

1 Avocado

ein paar Weintrauben

1 Apfel

2 frische Mandarinen oder 1 frische Orange,

eine Handvoll Erdbeeren,

gemahlene Nüsse,

etwas Zitronensaft

optional Salz und Pfeffer.

ZUBEREITUNG

Fenchel in Scheiben schneiden und entkernen, die Avocado zunächst halbieren und dann die beiden Hälften in entgegengesetzter Richtung drehen, damit sie sich besser lösen lassen! Als nächstes den Kern mit einem Teelöffel entfernen und dann entweder das Fruchtfleisch aus der Avocado löffeln, oder die Schale komplett abschneiden. Das Avocado-Fleisch in kleine Würfel schneiden. Erdbeeren und Apfel in Scheiben schneiden, Orange (bzw. Mandarinen) und Weintrauben in Stücke schneiden. Alles in eine Schüssel geben, die Nüsse drüber streuen und mit Zitronensaft und eventuell mit Pfeffer und Salz abschmecken.

<u>MANDEL-PFANNKUCHEN</u>

BENÖTIGT WERDEN (FÜR 2 BIS 4 PORTIONEN)

1 Tasse Mandelmehl

eine Priese Backpulver (ungefähr ein halber Teelöffel)

eine Priese Zimt (ungefähr ein halber Teelöffel)

3 mittelgroße Eier

1 Tasse Mandelmilch

1 Teelöffel Vanille (am besten frisch)

optional etwas Honig

Öl zum Anbraten (für Süßspeisen empfiehlt sich Kokosöl)

ZUBEREITUNG

Die trockenen Zutaten (Mandelmehl und Backpulver) in eine mittelgroße Schüssel geben, in einer kleineren Schüssel die restlichen Zutaten vermengen. Als nächstes die Flüssig-Mischung zu dem Mehl und dem Backpulver geben und mit einem Schneebesen oder mit einem elektrischen Handrührer (geht leichter) alles gut vermengen, sodass möglichst keine Klümpchen zu sehen sind. Das Öl in einer mittelgroßen Pfanne erhitzen. Ist der Teig gut durch gerührt, gibt man mit einem großen Löffel oder einem kleinen Schöpflöffel immer eine Portion Teig in die Pfanne und brät diesen von beiden Seiten dunkelbraun an. Die fertigen Pfannkuchen können mit frischem Obst, geriebenen Mandeln oder auch mit etwas Honig verziert werden.

MANDEL-MILCHSHAKE

BENÖTIGT WERDEN

1 Passiertuch

200g Mandeln

2l Wasser

frische Früchte nach Belieben

optional: 1 Teelöffel Vanille

eine Prise Salz

1 Teelöffel Honig

ZUBEREITUNG

Die Mandeln müssen zunächst einmal in ein Sieb gegeben und unter fließendem Wasser gut gewaschen werden. Anschließend füllt man die Mandeln in eine ausreichend große Schüssel oder Karaffe und begießt sie mit 1l Wasser. Das Behältnis wird dann mit einem Tuch abgedeckt und mindestens 12 Stunden, aber nicht länger als 18 Stunden, ruhen gelassen. Nach der Ruhezeit werden die Mandeln erneut in ein Sieb gefüllt und kurz unter fließendem Wasser abgewaschen. Während man anschließend die Mandel etwas abtropfen lässt, kann man schon mal das Obst waschen und würfeln, das in den Milchshake rein soll. Dann die Mandeln mit 1l frischem Wasser und dem geschnittenen Obst entweder in einen Mixer oder in eine Rührschüssel gegeben. Bei Bedarf können noch Vanille, Honig und etwas Salz hinzugegeben werden. Anschließend mixt man das Ganze auf hoher Stufe gut durch. Wer keine Stückchen mag, kann den Milchshake zum Schluss noch durch ein über eine Schüssel oder eine Kanne gelegtes Passiertuch schütten (alternativ kann man es auch mit einem Kaffeefilter versuchen). Das Tuch oder den Filter zum Schluss nur noch gut auspressen, fertig ist der eigene Mandel-Milchshake. Da die Vorbereitungszeit etwas dauert, kann man den Shake auch schon am Abend mixen, um ihn dann am nächsten Morgen genießen zu können.

LOW-CARB-BROT

BENÖTIGT WERDEN (FÜR 1 BROT)

Kastenbackform

2 Esslöffel Leinsamenmehl

160g Sonnenblumenkerne

50g Kürbiskerne

50g Sesamsamen

20g Ghee (entspricht ungefähr 2 Esslöffeln)

4 mittelgroße Eier

2 Teelöffel Backpulver

eine Prise Salz

OPTIONAL:

1 Teelöffel Zimt

1 Teelöffel Vanille, ein paar Kürbis- und Sonnenblumenkerne zur Garnierung

ZUBEREITUNG

Zunächst werden von den Sonnenblumenkernen 100g und von den Kürbiskernen 25g in eine Schüssel oder einen Mixer gegeben und zu Mehl gemahlen. Nach dem Mahlen die restlichen Sonnenblumen- und Kürbiskerne (abzüglich der Menge für die Garnierung) hinzugeben, alles in eine Rührschüssel geben und mit Sesamsamen, verflüssigtem Ghee, den Eiern, Backpulver und dem Salz vermengen. Wer das Brot etwas süßlich-aromatisch möchte, gibt noch Vanille und Zimt hinzu. Die Mischung wird dann gründlich durchgeknetet, bis ein Teig entsteht. Als Nächstes wird der Backofen auf 180° vorgeheizt und die Backform mit etwas Ghee oder Kokosöl gut eingefettet. Anschließend gibt man den Teig in die Backform, streicht ihn glatt und bestreut ihn – falls gewünscht – mit den restlichen Kernen. Damit die Kerne besser auf dem Brot haften, kann man sie leicht in den Teig drücken. Dann kommt der Teig für 40 bis 45 Minuten in den Backofen. Nach 40 Minuten wird der Teig herausgeholt und probehalber mit einem Holzspieß angestochen. Wenn noch Teig am Spieß kleben bleibt, wandert das Brot für weitere 10 Minuten in den Backofen und der Test mit dem Stäbchen wird wiederholt. Das Ganze so lange wiederholen, bis kein Teig mehr kleben bleibt. Danach kann das Brot aus der Backform genommen und zum Auskühlen weggestellt werden. Wenn das Brot nicht mehr heiß ist, ist es zum Verzehr fertig.

KAPITEL 7

AUF DEM VEGETARISCHEN LOW CARB MITTAGSTISCH

Mittags darf es auch gerne mal etwas herzhafter sein. Darum gibt es hier eine Auswahl an verschiedenen Gerichten:

PIZZA A LA LOW CARB

BENÖTIGT WERDEN (FÜR 2 PERSONEN)

Küchentuch

2 Zucchini

4 Eier

50g gemahlene oder geschrotete Leinsamen

150g gemahlene Mandeln

1 bis 2 Teelöffel Oregano

etwas Salz

etwas Pfeffer

Gemüse nach Belieben

ZUBEREITUNG

Die Zucchini werden zunächst gewaschen und anschließend über einer Rührschüssel grob klein gerieben. Danach gibt man eine Prise Salz und etwas Pfeffer hinzu. Die Rührschüssel wird mit dem Küchentuch abgedeckt und dann über einem Waschbecken oder Ausguss umgekippt, sodass der Inhalt der Schüssel im Tuch landet und die Flüssigkeit abfließen kann. Ist die Zucchini-Maße abgekippt, quetscht man das Küchentuch samt Inhalt noch vorsichtig etwas aus, um so viel Flüssigkeit wie Möglich hinauszupressen. Danach gibt man die Zucchini wieder in die Schüssel, schlägt die Eier auf und mischt diese zusammen mit den Leinsamen, den Mandeln und dem Oregano zu den Zucchini. Dann knetet man das Ganze gut durch, bis ein halbwegs fester Teig entsteht. Währenddessen kann man schon mal den Backofen auf 180°C vorwärmen. Ist der Teig fertig, rollt man ihn auf einem mit Ghee eingefetteten Backblech oder einem Backblech mit Backpapier dünn aus. Dann kommt der Teig für 15 bis 20 Minuten in den Backofen. Wenn der Teig golden-braun ist, kann er herausgenommen und nach Belieben mit frischem Gemüse, Nüssen, Pilzen und anderen erlaubten Low-Carb-Nahrungsmitteln belegt und leicht gewürzt werden. Die Pizza wandert zum Schluss noch einmal für 15 bis 20 Minuten in den Backofen und ist danach fertig.

CHILI SIN CARNE

BENÖTIGT WERDEN (FÜR 2 BIS 4 PORTIONEN)

1 Paprika

1 Zwiebel

1 Knoblauchzehe

ca. 2 Esslöffel Ghee

4 bis 5 Karotten

1 Tomate

etwas Salz

etwas Pfeffer

1 Esslöffel frischen Oregano

1 bis 2 Teelöffel Chilipulver

250ml Wasser

OPTIONAL:

4 Eier

etwas Honig

ZUBEREITUNG

Paprika, Zwiebel und Knoblauchzehe, sowie die Tomate klein schneiden. Das Fruchtfleisch von der Tomate und die Kerne in eine kleine Schüssel geben. Die Karotten kurz putzen und in Scheiben schneiden Das Ghee in einer Pfanne erhitzen und die Karottenscheiben darin scharf anbraten, bis diese etwas weicher und leicht bräunlich werden. Anschließend Paprika, Zwiebel und Knoblauch hinzugeben. Das Ganze für zwei Minuten auf mittlerer Hitze anschwitzen lassen, dann die Tomate hinzugeben und auch noch mal kurz anbraten lassen. Anschließend mit Wasser ablöschen und mit Salz, Pfeffer, Oregano und dem Chilipulver abschmecken. Je nachdem, wie scharf man sein Chili mag, kann man von einer Prise Chilipulver bis hin zu 2 Teelöffeln variieren. Für ein zusätzliches Aroma kann man außerdem noch etwas Honig zum Chili sin Carne geben. Das Ganze dann auf mittlerer Stufe köcheln lassen, bis das Chili dicklich wird. Dann ist es servierfertig.

Möchte man das Chili noch ein wenig verfeinern, kann man dazu Omeletts machen. Dazu in einer zweiten Pfanne etwas Ghee erhitzen. Die Eier aufschlagen und in eine Schüssel geben, dort gut verquirlen und nach Belieben mit Salz, Pfeffer und Oregano verfeinern. Anschließend die Mischung beispielsweise mit einem Schöpflöffel in die Pfanne geben und bei geringer Hitze stocken lassen. Wenn das Omelette fest wird, vorsichtig wenden und es noch einmal von der anderen Seite etwas stocken lassen. Das fertige Omelette auf einen Teller geben, Chili sin Carne in einem breiten Streifen in die Mitte streichen und das Omelette umschlagen, für ein Chili im Ei-Mantel.

VEGETARIER-SPIEßE MEDITERRANER ART

BENÖTIGT WERDEN (FÜR 4 PORTIONEN)

6 Paprika

3 Zucchini

3 mittelgroße Zwiebeln

10 bis 12 Cocktailtomaten

1 Zitrone

2 bis 3 Knoblauchzehen

4 Teelöffel gemischte Kräuter

1 bis 2 Teelöffel Senf

2 Teelöffel Honig

8 bis 9 Esslöffel Olivenöl

80g gemahlene Mandeln

1 Esslöffel Apfelessig

etwas Salz

etwas Pfeffer

ZUBEREITUNG

FÜR DIE MARINADE:

Die Zitrone waschen und dann etwas von der Schale abreiben. Zitrone anschließend halbieren und auspressen. Als nächstes presst man die Knoblauchzehen aus und mischt sie mit dem Zitronensaft und der Zitronenschale. Das Ganze mit Senf, ein paar gemischten Kräutern und 4 Esslöffeln Öl vermengen, gut umrühren und noch einmal mit etwas Salz und Pfeffer abschmecken.

FÜR DEN DIP:

Eine Pfanne ohne Öl erhitzen und die Mandeln hineingeben. Die Mandeln unter mehrmaligem Rühren braun anbraten, anschließend mit etwas Wasser ablöschen. Danach mit Honig, Apfelessig, Salz und Pfeffer vermischen und bei Bedarf noch eine ausgedrückte Knoblauchzehe beimischen. Anschließend abkühlen lassen.

Für die Spieße die Paprikas aufschneiden, entkernen und in Würfel oder kleine Scheiben schneiden, die Cocktailtomaten halbieren, die Zwiebeln häuten und grob in Würfel schneiden, außerdem die Zucchini in dünne Scheiben schneiden. Dann die Gemüsestücke in abwechselnder Reihenfolge auf längliche Grillspieße stecken. Die gefüllten Spieße im nächsten Schritt mit der Marinade bestreichen. In einer Pfanne etwas Olivenöl auf mittlerer Stufe erhitzen und die Spieße darin von allen Seiten jeweils 2 Minuten anbraten, bis das Gemüse von allen Seiten gar ist. Alternativ kann man die Spieße auch in einem länglichen Garkochtopf auf geringer Hitze langsam anbraten lassen. Die fertigen Spieße können pur oder zusammen mit dem Dip genossen werden.

KAPITEL 8

FÜR DEN HUNGER AM ABEND

Abends sollte man etwas leichter essen, damit der Magen und der Stoffwechsel zur Ruhe kommen können. Empfohlene Rezepte hierfür sind:

TOMATENSUPPE MIT CHILI UND PAPAYA

BENÖTIGT WERDEN (FÜR 4 PORTIONEN)

Pürierstab

3 Karotten

6 Tomaten

2 Packungen passierte Tomaten

1 mittelgroße Zwiebel

1 bis 2 Knoblauchzehen

ca. 400ml Gemüsebrühe

1 bis 2 Papayas

1 Chilischote (alternativ geht auch Chilipulver)

1 Esslöffel Kokosöl

etwas Petersilie

ZUBEREITUNG

Bei der Zwiebel und den Knoblauchzehen wird zunächst die Haut abgezogen, anschließend wird beides, sowie die Chilischote kleingehackt. Als nächstes wäscht man die Karotten und Tomaten. Die Karotten sollen in dünne Scheiben, die Tomaten in grobe Würfel geschnitten werden. Als Nächstes erhitzt man in einem weiten Kochtopf Kokosöl und gibt dann die Zwiebeln und den Knoblauch zum kurzen Anschwitzen hinein. Dann die Karotten, Chilischoten und Tomaten dazu mischen und kurz anbraten, anschließend die Gemüsebrühe und die passierten Tomaten zum Ablöschen dazu gießen. Die Suppe muss jetzt so lange köcheln, bis die Karottenscheiben weich geworden sind (dauert je nach Hitze zwischen 10 und 20 Minuten). Währenddessen kann man die Papaya schon einmal halbieren, von den Kernen befreien und schälen, bevor man das Fruchtfleisch klein schneidet. Wenn die Karotten weich genug sind, gibt man die Papayastücke noch hinzu und püriert alles grob mit einem Pürierstab. Zum Schluss noch etwas mit Petersilie garnieren und warm servieren.

GRÜNER SMOOTHIE FÜR DIE NACHT

BENÖTIGT WERDEN (FÜR 1 BIS 2 PORTIONEN)

1 Packung Himbeeren (kann auch aus der Tiefkühlung sein)

1 Apfel, etwas Zitronensaft

1 bis 2 Esslöffel Honig

50 bis 60g Spinat

400ml Wasser

ZUBEREITUNG

Die Himbeeren müssen – falls sie aus der Kühlung kommen – nur kurz antauen. Frische Himbeeren sollten einmal gründlich unter fließendem Wasser gewaschen werden. Der Apfel muss nur kurz abgewaschen und entkernt werden und kann dann einfach in grobe Stücke geschnitten werden. Himbeeren, Apfel, Zitronensaft und den Spinat in einen Mixer oder in eine Rührschüssel geben und gut durchmixen. Zwischendurch den Honig und das Wasser hinzugeben und so lange weiter mixen, bis alles gut vermischt ist und sich keine Schichten mehr bilden. Der Smoothie kann kalt genossen werden.

BUNTER WALD-UND-WIESEN-SALAT

BENÖTIGT WERDEN (FÜR 2 PORTIONEN)

3 mittelgroße Tomaten

1 Rucola-Salatherz

6 frische Champignons

50 Gramm gemischte Nüsse

1 halbe Gurke

1 Paprika

1 Esslöffel Apfelessig

1 Esslöffel Olivenöl

etwas Salz

etwas Pfeffer

OPTIONAL:

frisch gehackte Petersilie

ZUBEREITUNG

Die Tomaten, die Gurke, die Paprika und das Rucola-

Salatherz werden in kleine Stücke geschnitten und in eine weite Schüssel gegeben. Die Champions wäscht man gut ab und schneidet sie in Scheiben. Die Nüsse hackt man grob durch. Anschließend erhitzt man in einer Pfanne etwas Öl und gibt die Pilzscheiben hinzu. Die Pilzscheiben müssen nur kurz etwas angebraten werden, da sie ansonsten zu Gummiartig werden. Als nächstes gibt man die gehackten Nüsse mit in die Pfanne und brät diese noch kurz mit den Pilzen zusammen an, bevor man beides zum restlichen Salat hinzugibt. In einer kleinen Schüssel mischt man das Olivenöl und den Essig zusammen, schmeckt die Mischung ein wenig mit Salz, Pfeffer und Petersilie ab und gießt das Ganze dann über den Salat. Zum Schluss den Salat noch einmal gut durchmengen, damit sich das Dressing auch gut verteilen kann. Der Salat kann warm gegessen werden oder auch 10 bis 20 Minuten noch zum Abkühlen gestellt werden, bevor man ihn verzehrt.

KAPITEL 9

WEITERE TIPPS ZUM VEGETARISCHEN LOW CARB

Sich nach Low Carb zu ernähren benötigt keine strengen Essenspläne oder Strukturierungen wie eine Diät. Man kauft einfach ein paar Lebensmittel ein, auf die man Lust hat (und die mit den erlaubten Lebensmitteln für vegetarisches Low Carb übereinstimmen) und kocht sich etwas Leckeres.

Entscheidend für Low Carb und gesundes Essen allgemein ist das Essen mit Genuss. Das bedeutet, dass man sich nicht nur zum Kochen, sondern auch zum Essen genug Zeit lassen soll und nicht einfach alles in sich reinschaufelt, bis der Teller leer ist. Wenn man langsam ist, kann sich der Geschmack richtig entwickeln und man hat mehr von seinem Essen. Darüber hinaus isst man weniger, wenn man es langsamer tut, was daran liegt, dass es ein wenig dauert, bis sich ein Sättigungsgefühl beim Essen einstellt. Also statt Schlingen lieber Genießen, wodurch man automatisch weniger isst.

Low Carb ist gerade am Anfang eine Umstellung,

weil man auf gewohnte Nahrungs- und Genussmittel verzichten muss. Wem der Verzicht auf Sachen wie Kohlenhydrate oder mal etwas Käse sehr schwer fällt, der kann es mit Wohlfühl-Tagen probieren. Dabei nimmt man sich einen Tag, beispielsweise den Sonntag, an dem man alles essen darf, worauf man beim Low Carb eigentlich verzichten soll. Solange man sich nicht in einem regelrechten Fresswahn verliert und ohne Sinn und Verstand über die „verbotenen Speisen" hermacht, braucht man kein schlechtes Gewissen haben.

Besonders bei gesellschaftlichen Anlässen ist es oft schwer, sich an Low Carb zu halten und Party-Verpflegung mit gesundem Essen in Einklang zu bringen. Hier hat man eigentlich zwei Möglichkeiten: entweder versucht man, standhaft zu bleiben und fragt nach, ob man zum Beispiel einen einfachen Salat bekommen kann, oder man nutzt die gleiche Regel wie beim Wohlfühl-Tag. Auf diese Weise kann man auch die Gesellschaft anderer Leute genießen, ohne unangenehm aufzufallen und ohne dass man sich schlecht fühlen muss, weil man nicht durchgehend nach Low Carb lebt.

Sport ist für manche Leser ein unangenehmes Thema. Einige haben wenig Zeit, andere einfach keine Lust, weshalb dann eine Diät auch oft zum Scheitern verurteilt ist. Das Schöne beim vegetarischen Low Carb ist, dass man nicht zwingend Sport machen muss, um sich gesund zu fühlen. Die auf Gemüse und Obst ausgelegte Ernährung sorgt bereits dafür, dass die eigene Gesundheit gefördert wird. Wenn man den Effekt von Low Carb noch etwas verstärken möchte, spricht aber natürlich nichts gegen etwas Bewegung. Dann muss es aber auch nicht direkt ein Marathon oder dergleichen sein – ein ausgiebiger Spaziergang reicht schon, um die Verdauung zu unterstützen. Lediglich, wenn man aktiv seine Ausdauer oder den Muskelbau verbessern möchte, wird man um zusätzliche Sporteinheiten nicht herumkommen.

Oft wird Low Carb so aufgefasst, dass gar keine Kohlenhydrate erlaubt sind. Das ist nicht nur falsch (denn dann würde es ja „No Carb" heißen), sondern auch schwierig umzusetzen. In Gemüse und Obst ist ohnehin natürlicher Zucker in kleinen Dosierungen enthalten und wenn man deshalb auf diese Lebensmittel verzichten würde, dürfte man bald gar nichts mehr essen. Es soll auch nicht darum gehen, Zucker völlig zu verbannen, da der Körper immerhin eine kleine Menge an Zucker braucht, um leistungsfähig sein zu können. Beim Low Carb soll lediglich vermieden werden, Zucker und Stärke im Überfluss zu sich zu nehmen und so wieder den eigenen Blutzucker krankhaft zu erhöhen. Am wichtigsten ist, dass man am Ende ein gutes Körpergefühl hat und die größten Zuckerfallen vermeiden kann, wenn man dauerhaft mit Low Carb gesund werden und bleiben möchte.

KAPITEL 10

ENDLICH LEICHT!

Sie haben nun die besten und leckersten Rezepte der vegetarischen Low Carb Ernährung kennengelernt, die bereits vielen Menschen dabei geholfen haben, gesünder und schlanker zu leben.

Ich habe Ihnen das Konzept der Low Carb, besonders der vegetarischen, Ernährung erläutert und gezeigt, worauf dabei zu achten ist und welche Erfolge Sie erwarten können. Außerdem haben Sie nun eine bunte Palette zahlreicher, kreativer Mahlzeiten, die Sie bei Ihrer Ernährungsumstellung unterstützen werden.

So eine Umstellung ist sicherlich kein leichtes Vorhaben und es wird bestimmt einige Anläufe brauchen, bis sich das neue Konzept bei Ihnen etabliert hat. Dennoch ist es unabdingbar, falls Sie sich eine schlankere Figur und eine gesünderen Körper wünschen, sich nicht vom Weg abbringen zu lassen und ihn auch trotz Rückschlägen weiterzugehen.

Ich hoffe sehr, dass ich Ihr Leben mit den Tipps, die ich Ihnen in diesem Buch gegeben habe, verbessern konnte und würde mich, wenn Ihnen das Buch gefallen hat, sehr über eine Rezension auf Amazon freuen.

Ich wünsche Ihnen viel Erfolg beim vegetarischen Low Carb! Kochen Sie fleißig und probieren Sie gerne neues aus. Ich weiß, dass Sie es schaffen können, genauso wie viele Menschen vor Ihnen!

Marco Mania

1.Auflage 2015

Lars Tiefel
Libanonstr. 85
70186 Stuttgart

6530882R00032

Printed in Germany
by Amazon Distribution
GmbH, Leipzig